VICENTE ZANCAN FRANTZ

O PRINCÍPIO DA CONFORMIDADE

Monografia apresentada ao curso de Pós-Graduação Lato Sensu em Direito Constitucional, junto à Universidade Anhanguera-Uniderp/Rede de Ensino Luiz Flávio Gomes

Ijuí - RS – Brasil, 2011.
vzfrantz@gmail.com
Publicado por Amazon.com e Createspace.com em 2014.

DEDICATÓRIA

Dedico este trabalho a todos que pensam o Direito e esforçam-se para construir um sistema jurídico justo, célere, eficaz, transparente e seguro.

AGRADECIMENTOS

Agradeço a todos que me oportunizaram realizar esta pesquisa e que determinaram a minha formação, especialmente aos meus familiares, professores e amigos.

RESUMO

Esta monografia cria o princípio da conformidade, que incrementa a hermenêutica jurídica. Este instrumento de interpretação objetiva contribuir com a evolução da ciência jurídica, especialmente no tocante à forma como se compreende a hermenêutica e em relação à qualificação do sistema jurídico para a plena realização do Estado Democrático de Direito contemporâneo. Para a realização da pesquisa ora em exame analisou-se inicialmente a Constituição Federal da República Federativa do Brasil e, a partir dela, observou-se a prática jurídica brasileira, mormente acerca das decisões e posicionamentos jurídicos, seus fundamentos, critérios de escolha discricionária dos princípios e métodos utilizados para decidir e a origem desses critérios. Constatou-se que a prática jurídica contemporânea tem sido objeto de acentuada mutação, incluindo a atividade de interpretação, porém a estrutura da fundamentação de decisões e de posicionamentos permanece arcaica, já em dissintonia com a prática jurídica atual e com a Constituição Federal em seu sentido contemporâneo.

Palavras-chave: Princípio da conformidade, hermenêutica jurídica, fundamentação, critérios, origem.

Publicado por Amazon.com e Createspace.com em 2014.

ABSTRACT

This monograph creates the principle of conformity, which increases the juridical interpretation. This interpretation instrument aims to contribute to the development of law science, with especial regard to how we understand the hermeneutics and also with regard to the qualification of the juridical system to the complete achievement of the contemporary democratic state of law. To achieve the present research it was first analyzed the Federal Constitution of the Brazilian Democratic Republic and, from that, it was observed the Brazilian juridical practical, with special regard to decisions and personal legal positions, its basements, criterion of the discretionary choice of principles and methods used to decide and the origin of this criterion. It was found that the contemporary juridical practical has been deeply changed, including the interpretation function, however the structure of the decisions and positions basement remains archaic, becoming already inappropriate to the current legal practice and the inclusive to the contemporary Federal Constitution.

Keywords: Principle of conformity, juridical interpretation, basements, criterion, origin.

Publicado por Amazon.com e Createspace.com em 2014.

SUMÁRIO

INTRODUÇÃO
1. PROBLEMA DE PESQUISA
2. OBJETIVO
3. METODOLOGIA
4. REFERENCIAL TEÓRICO
5. DESENVOLVIMENTO DO TRABALHO
REFERÊNCIAS

Publicado por Amazon.com e Createspace.com em 2014.

INTRODUÇÃO

A presente pesquisa intitula-se "O Princípio da Conformidade", fazendo-se alusão ao seu conteúdo: um instrumento de hermenêutica que, aplicado, faz com que decisões e posicionamentos fiquem conforme a Constituição Federal e o Estado Democrático de Direito contemporâneo.

A construção deste postulado ocorreu a partir da constatação de que a prática jurídica contemporânea tem sido objeto de profundas mutações, porém a estrutura da fundamentação de decisões e de posicionamentos permanece arcaica, já em dissintonia com essa prática jurídica atual e inclusive com a Constituição Federal em seu sentido contemporâneo.

Noutras palavras, mais especificamente, há casos que comportam interpretação; neles, muito embora exista uma origem objetiva e determinada para a definição do método ou do princípio de hermenêutica a ser aplicado (sendo essa origem juridicamente possível, mas não registrada na respectiva peça), diante da ausência de formalidade específica para que tal origem seja de fato expressada na peça em que utilizada, quando, quem, onde, como, quanto, e por que enfim se poderia ou deveria expressar a referida procedência da definição do método ou do princípio a ser sobreposto?

Destarte, no trabalho ora em tela estudam-se os princípios e métodos de interpretação jurídica, especialmente os constitucionais, bem como as determinações da Constituição acerca de decisões e posicionamentos. Em seguida, analisa-se a corriqueira forma de fundamentação em face da tradicional hermenêutica jurídica, apontando-se características e efeitos incompatíveis com os próprios mandamentos constitucionais. Finalmente propõe-se a solução das impropriedades apontadas através da aplicação do princípio da conformidade, explicando-se este e demonstrando-se a sua necessidade, adequação e até mesmo urgência.

1. PROBLEMA DE PESQUISA

Há casos que comportam interpretação; neles, muito embora exista uma origem objetiva e determinada para a definição do método ou do princípio de hermenêutica a ser aplicado (sendo essa origem juridicamente possível, mas não registrada na respectiva peça), diante da ausência de formalidade específica para que tal origem seja de fato expressada na peça em que utilizada, quando, quem, onde, como, quanto, e por que enfim se poderia ou deveria expressar a referida procedência da definição do método ou do princípio a ser sobreposto?

2. OBJETIVO

O instituto de hermenêutica desenvolvido objetiva, em suma, esclarecer e legitimar decisões e posicionamentos jurídicos, observando mandamentos constitucionais e contribuindo para a realização plena e efetiva do Estado Democrático de Direito contemporâneo.

3. METODOLOGIA

Demonstrando o acentuado e excessivo grau de subjetividade na atividade do intérprete, que "encontra" o sentido da norma, parte-se da Constituição Federal, passa-se pela doutrina constitucional e chega-se a decisões e doutrinas relativas a áreas infraconstitucionais como, por exemplo, direito civil, processo civil, Penal e processo penal, explorando-se a crescente constitucionalização destes últimos institutos.

4. REFERENCIAL TEÓRICO

O inciso IX do art. 93 da Constituição Federal (BRASIL, 2011) determina que todas as decisões judiciais sejam fundamentadas: "(...) todos os julgamentos dos órgãos do Poder Judiciário serão públicos, e fundamentadas todas as decisões, sob pena de nulidade (...)". O inciso X da mesma norma determina o mesmo em relação às decisões administrativas. Essa determinação também decorre da própria natureza do Estado Democrático de Direito, já que a ausência de fundamentação indicaria autoritarismo e arbitrariedade, caso em que a decisão seria válida simplesmente porque proferida por autoridade competente.

Os posicionamentos doutrinários na área jurídica brasileira, embora não sejam normatizados pela Constituição da República Federativa do Brasil, acabam indiretamente por ela orientados, já que a Carta Maior tem obediência obrigatória e o conteúdo de tais livros nela se baseia.

Como esses posicionamentos acabam não somente formando a opinião de advogados, promotores, juízes e professores de Direito, mas também servindo como a própria fundamentação de decisões judiciais (por óbvio também embasadas pela Constituição Federal), compreendemos que eles (posicionamentos funcionais ou doutrinários) igualmente devam ser fundamentados, a fim de se evitar que se constituam em instrumento direto ou indireto de violação da Carta Magna.

Há decisões ou posicionamentos que comportam uma fundamentação exclusivamente fulcrada em regras positivas. Por exemplo, uma sentença que declarasse ser Brasília a Capital Federal, caso que não comportaria interpretação, já que inexistente qualquer dúvida. Assim ensina Pedro Lenza:

> Como regra fundamental, lembramos que, onde não existir dúvida, não caberá ao exegeta interpretar (*vide*, por exemplo, o art. 18, §1.º, da CF/88, que aponta, como Capital Federal, Brasília – não cabendo qualquer trabalho hermenêutico) (LENZA, 2009, p. 90).

Todavia existem normas - segundo Dworkin e Alexy *apud* MARINONI (2011) estas se subdividem em regras e princípios - que comportam ou mesmo exigem interpretação, pois a sua literalidade leva à dúvida.

No Brasil isso é bastante comum por várias razões: Constituição Federal recente (1988), muitas leis infraconstitucionais aprovadas em época anterior à Carta Maior, Constituição extensa - analítica, normativa, principiológica, conforme Lenza (2009, p. 48) -, dotada de elevado grau de subjetividade, leis infraconstitucionais com regras que freqüentemente exigem interpretação (por inexatidão, existência de lacunas etc.).

No entanto as fundamentações são marcadas por grau de subjetividade que não raramente coloca em dúvida a sua própria validade perante o ordenamento jurídico. Isso ocorre por vários motivos, dentre eles a inexistência de regras positivas que regulamentem a forma de fundamentação, vigência do Princípio do Livre Convencimento Motivado, normas postas que comportam interpretações que levam a decisões antagônicas (jamais há a exclusão, mas apenas a ponderação e a sobreposição de uma norma em relação a outra).

Assim surge uma situação bastante curiosa e que instiga aprofundamento sobre as suas peculiaridades: por um lado há o livre convencimento motivado e por outro lado existe o dever de imparcialidade (DONIZETTI, 2010, p. 94-95 e p. 85-86). Entre esses dois extremos situa-se a necessidade de fundamentação e a possibilidade de o intérprete da norma não ser neutro (ALMEIDA, 2011).

Até os dias de hoje sempre foi bastante comum e constante a preocupação de que as decisões sejam fundamentadas (AVENA, 2011, p. 34-37). Porém sempre com bem menor intensidade se travou debate acerca do limite da fundamentação – com o que ora estamos nos propondo a contribuir.

Disso se indaga: qual é o limite que a desnecessidade de neutralidade pode alcançar, sem ferir o dever de imparcialidade? Qual é o limite que a desnecessidade de neutralidade pode alcançar, sem que se atinja a esfera da ilegalidade, da inconstitucionalidade ou, o que é mais facilmente constatável, passe a se caracterizar como atividade legislativa?

São essas as indagações que nos levam a aprofundar o exame de fundamentações e de posicionamentos, passando a analisar os casos em que há interpretação de normas, os princípios e métodos utilizados nessa interpretação, o critério de escolha de tais métodos e princípios e ainda a origem desse critério.

Afinal, segundo Donizetti,

> Para ser legítimo o exercício da jurisdição, é imprescindível que o Estado-juízo (...) atue com imparcialidade. Não se pode conceber que o Estado chame para si o dever de solucionar os conflitos e o exerça por meio de agentes movidos por interesses próprios. A imparcialidade do Juízo, aliás, é pressuposto de validade da relação jurídico-processual, constituindo direito das partes e, ao mesmo tempo, dever do Estado.
> É importante dizer que imparcialidade não se confunde com neutralidade ou passividade (DONIZETTI, 2010, p. 85-86).

Da mesma forma, complementa a idéia Avena:

> Por interpretação compreende-se a atividade mental realizada com o objetivo de extrair da norma legal o seu conteúdo, estabelecendo-se seu âmbito de incidência e exato sentido. Trata-se de atividade única e complexa. É única por constituir-se em um verdadeiro processo e complexa porque abrange vários momentos que se integram entre si.

A interpretação de uma norma não pode ser realizada à revelia de certos critérios. Por isso, existem métodos de interpretação da norma, sendo consagrados pela doutrina tradicional (AVENA, 2011, p. 92).

Assim se percebe que essa pesquisa facilita bastante a compreensão da decisão ou do posicionamento, porquanto a fundamentação adotada passa a ser marcada por transparência que permite a identificação de sua possibilidade e regularidade jurídica. Além disso, uma vez entendida, também passa a ser bem mais aceitável (democrática) pelos jurisdicionados, pelos cidadãos afetados por decisões administrativas etc.

O raciocínio a ser feito para tanto por nós é sugerido neste trabalho e ora intitulado de Princípio da Conformidade, fazendo-se alusão à necessidade de que não somente a decisão ou o posicionamento seja fundamentado, mas também e especialmente que tal fundamentação esteja conforme o ordenamento jurídico, seja adequada ao caso e possibilite o seu pleno entendimento pelos demais operadores jurídicos (mesmo que eventualmente com ela não se concorde – mas se reconheça a sua validade).

Inquieta-nos o sistema atualmente adotado pela maioria dos países - dentre os quais o Brasil - pelo qual a decisão ou posicionamento válido acaba sendo, em última instância, meramente, aquele decidido pela corte hierarquicamente superior (mesmo que, por exemplo, seis cabeças contrariem o que outras centenas decidiram e fundamentaram ao enfrentar a mesma matéria), sem que às vezes sejam suficientemente claros os critérios discricionariamente eleitos pelo decisor, o que inegavelmente permite se constatar nada mais do que "critério, fundamento e decisão de autoridade".

Como apontado, a lógica do sistema atual acaba se resumindo à "decisão de autoridade superior", talvez realmente necessária para se organizar um sistema jurídico que não permite votação conjunta por todos que enfrentaram a respectiva matéria. Porém aqui cabe igualmente refletirmos acerca dessa lógica da prevalência da decisão da autoridade poder ser ou não ser suficientemente válida em casos que comportariam fundamentação diversa – ou mesma fundamentação, sendo diverso o mérito da decisão - por autoridade de igual hierarquia.

Exemplo concreto é o caso julgado pelo Tribunal de Justiça do Estado do Rio Grande do Sul, na apelação cível nº 70026769661 (BRASIL, 2009), cuja natureza é corriqueira: juízo singular de primeira instância fixa indenização de R$ 80.000,00 por morte de criança causada por erro médico em hospital público, com base no dever de indenizar do art. 37, 6º, da CF, valorando a preservação da vida e mencionando assim indicar a situação econômica das partes. Analisando o recurso do condenado, uma das câmaras da segunda instância reduz o valor para R$ 20.000,00, igualmente com base no dever de indenizar do art. 37, 6º, da CF, valorando a preservação da vida e mencionando assim indicar a situação econômica das partes.

Isto é: ambas as decisões foram fundamentadas, mas idêntica fundamentação levou à decisão diversa, prevalecendo a segunda delas apenas por ser de instância superior. Curiosamente, se a decisão exemplificada tivesse sido proferida por outra Câmara do mesmo órgão de segunda instância, poderia ser igual a qualquer das duas ou mesmo diversa de qualquer delas, ainda que fosse fundamentada de forma idêntica às duas primeiras.

Desse modo, se as decisões foram diversas, e se a sua fundamentação foi exatamente a mesma, parece-nos imperioso que as razões de decidir sejam expostas mais profundamente, pelo menos até onde se diferenciem das demais e assegurem ser a real fundamentação da decisão (expressão a título do Princípio da Conformidade).

Caso contrário, o intérprete passa a ter ampla liberdade para decidir, inclusive sem demonstrar que a sua decisão de fato decorre do fundamento legal ou jurídico por ele apontado, podendo, com isso, na verdade, ser excessiva, ilegal, inconstitucional, motivada por pré-conceitos, convicções pessoais, ter natureza legislativa, sem que, no entanto, a prática jurídica a considere inválida, simplesmente porque proveniente da autoridade competente e formalmente (mas não substancialmente!) fundamentada – apenas com alusão a fundamento legal ou jurídico.

Justamente por isso se sugere o que denominamos Princípio da Conformidade: a demonstração de que a fundamentação é juridicamente legítima, revelando-se para tanto os métodos e os princípios de interpretação adotados, o seu critério de escolha discricionária e a origem de tal critério.

No caso acima exemplificado, muitíssimo provavelmente os pais da criança falecida ficaram insatisfeitos pelo arbitramento de apenas R$ 20.000,00, confusos porque inicialmente, com exatamente os mesmos argumentos, fixou-se o quádruplo do valor final, como também operadores do Direito não se conformaram com idêntica fundamentação embasando decisão tão diversa etc. Mas a "misteriosa" decisão eternizou-se como juridicamente válida.

Percebamos que, no caso mencionado, além da decisão de fixação de indenização de R$ 20.000,00 ou de R$ 80.000,00, e além da menção aos fundamentos de dever de indenizar do art. 37, 6º, da CF, valorando a preservação da vida e mencionando assim indicar a situação econômica das partes, poder-se-ia individualizar a decisão a partir do raciocínio sugerido pelo Princípio da Conformidade: trata-se de decisão que exige interpretação (de fatos para se chegar à condenação e do direito à indenização para se apurar valor desta); aplica-se o método hermenêutico clássico e o seu elemento teleológico (pelo critério de finalidade da norma – reparar a morte de criança), bem como o método tópico-problemático (pelo critério de que se parte do problema concreto para a norma) e, ainda, o Princípio da máxima efetividade (pelo critério de se fazer prevalecer direitos fundamentais, como a vida); apontando-se ainda que a origem de tais critérios está em doutrinas como a de Pedro Lenza (2009, p. 91-97), na jurisprudência (dever-se-iam citar alguns casos semelhantes em que foi arbitrado valor semelhante), no caótico atendimento em emergências de hospitais públicos, conforme notícias veiculadas diariamente pela imprensa, na necessidade de que cidadãos marginalizados tenham o mesmo atendimento deferido a outros cidadãos de boa posição social, na quantificação do que se pode adquirir com o valor arbitrado etc.

Neste diapasão, pensemos, caso não houvesse outra decisão arbitrando valor igual pela morte de uma pessoa em semelhante situação, ou caso a quantificação do que se pode adquirir com o valor arbitrado fosse irrisória se comparada a uma vida, ou, então, caso se identificasse que em casos bem semelhantes são fixados valores bem distintos, logicamente se constataria a inadequação (ilegitimidade, impossibilidade jurídica, ilegalidade, inconstitucionalidade) do que na verdade se decidiu.

Salientamos, ainda, que a impropriedade dessa decisão é agravada pelo fato de que na fundamentação respectiva reduziu-se em quatro vezes o valor original da condenação sob o argumento de que "a fixação de valores deve guardar uma equivalência entre as situações que tragam semelhante colorido fático" (BRASIL, 2009). Entretanto, curiosamente, procuramos exaustivamente na jurisprudência brasileira outra decisão que, diante dos mesmos fatos (morte de criança por erro médico, sem declarar culpa concorrente), tenha fixado indenização em R$ 20.000,00, e não encontramos uma sequer. Todas têm valor vem mais elevado.

Enfim. O resultado da observância do Princípio da Conformidade acaba sendo, como exposto, a legitimação da decisão e de sua fundamentação, bem como o entendimento pelos afetados pelo *decisum* (paz social) e pelos demais operadores do Direito. Por conseguinte, solidifica-se o Estado Democrático de Direito, regulando-se as relações sociais de modo mais evoluído, pois detalhado, transparente, individualizado, objetivo, compreensível, lógico, passível de conformação, em conformidade com a

Constituição Federal.

Publicado por Amazon.com e Createspace.com em 2014.

1. HERMENÊUTICA CONSTITUCIONAL E INFRACONSTITUCIONAL

1.1. Definição de interpretação e de hermenêutica jurídica

Interpretam-se normas constitucionais e infraconstitucionais como, por exemplo, as legais. Tais normas são interpretadas, basicamente, através de métodos e de princípios. Nas palavras do mestre português Canotilho *apud* Lenza:

> A interpretação das normas constitucionais é um conjunto de métodos, desenvolvidos pela doutrina e pela jurisprudência com base em critérios ou premissas (filosóficas, metodológicas, epistemológicas) diferentes mas, em geral, reciprocamente complementares (LENZA, 2009, p. 91).

Ao realizar essa nobre atividade jurídica que é a interpretação, o hermeneuta (sujeito que a realiza) considera a história, as ideologias, as realidades sociais, econômicas e políticas do Estado respectivo, definindo o verdadeiro significado do texto positivado. Ele deve considerar todo o sistema jurídico - que regula as relações sócio-políticas, econômicas etc. e por essas também é influenciado - (LENZA, 2009, p. 89). Como se vislumbra, tamanha é a importância da hermenêutica jurídica que é ela quem determina que um eventual conflito de normas (constitucionais ou não) será meramente aparente, por isso não havendo exclusão e sim preponderância de uma norma sobre a outra.

A suma importância da interpretação também decorre de sua estreita relação com a chamada mutação constitucional, eis que esta consiste em "alterações no significado e sentido interpretativo de um texto constitucional. A transformação não está no texto em si, mas na interpretação daquela regra enunciada. O texto permanece inalterado" (LENZA, 2009, p. 90).

Como se já não bastasse, nesse sentido igualmente aponta Kelsen *apud* Lenza (2009, p. 89): "Tal função é extremamente importante, na medida em que a constituição dará validade para as demais normas do ordenamento jurídico."

A hermenêutica, por sua vez, pode ser resumidamente bem conceituada como "um ramo da filosofia e estuda a teoria da interpretação, que pode referir-se tanto à arte da interpretação, ou a teoria e treino de interpretação (...) A hermenêutica contemporânea engloba não somente textos escritos, mas também tudo que há no processo interpretativo" (WIKIPÉDIA, acesso em: 02 set. 2011). Noutras palavras, para o fim desta nossa pesquisa, podemos conceituar hermenêutica como a ciência de Direito que estuda a interpretação jurídica.

Dessa forma fica claro que o fim a que o Direito se propõe (regular as relações em sociedade) somente pode ser perfectibilizado se perfeita for a eventual realização de interpretação constitucional. Do mesmo modo, é preciso esclarecer que, como a interpretação da Constituição de um Estado valida todo o ordenamento jurídico dele (incluindo-se, portanto, a legislação infraconstitucional), não acreditamos que seja possível estudar a hermenêutica constitucional sem a análise de suas implicações infraconstitucionais, ainda que setores da doutrina seguidamente transpareçam essa idéia.

Nesse sentido surgem como essenciais também outros conceitos de interpretação, como, por exemplo, em Direito Civil, Penal e Processual. Nesse tom, Pensa Nucci (2010, p. 91), talvez atualmente o autor de Direito Penal mais lido no Brasil: "A interpretação é um processo de descoberta do conteúdo da lei e não de criação de normas. Por isso, é admitida em direito penal qualquer forma." Igualmente opina Avena (2011, p. 92), um dos principais autores de Direito Processual Penal brasileiro:

> Por interpretação compreende-se a atividade mental realizada com o objetivo de extrair da norma legal o seu conteúdo, estabelecendo-se seu âmbito de incidência e exato sentido. Trata-se de atividade única e complexa. É única por constituir-se num verdadeiro processo e complexa porque abrange vários momentos que se integram entre si (AVENA, 2011, p. 92).

Esses conceitos são complementados pelo escrito de Venosa (2002, p. 247-253), certamente um dos autores mais tradicionais do Direito Civil pátrio, para quem interpretar a "lei é fixar o sentido de uma manifestação de vontade." Segundo o autor, o Código Civil brasileiro optou em não tratar com detalhes o instituto da interpretação, não enumerando regras e contendo, ainda, enunciados "vagos e imprecisos". Apontando grandes diferenças em relação ao código civil francês e ao italiano, sentencia Venosa: "A tradição maior no nosso direito é deixar à doutrina e à jurisprudência a tarefa."

Marinoni, provavelmente o maior expoente brasileiro da doutrina processualista civil moderna, após criticar os tradicionais métodos de interpretação de leis, defende a constitucionalização do

Direito Privado, chagando a sugerir uma nova teoria interpretativa, a qual teria a finalidade de garantir evolução à jurisdição, passando-se esta a se comprometer sobretudo com a efetividade dos direitos fundamentais (MARINONI, 2011).

E aqui reside um ponto crucial para o entendimento desta pesquisa: justamente para aperfeiçoar a relação entre interpretação constitucional e infraconstitucional, de forma que esta seja realizada conforme os ditames contemporâneos daquela, é que ao fim propomos o princípio da conformidade. Este objetiva esclarecer e legitimar decisões, promoções, petições e posicionamentos jurídicos, aprimorando a hermenêutica jurídica e sugerindo que interpretações passem a considerá-lo, tal como são considerados os métodos e os princípios já tradicionais a seguir expostos.

1.2. Métodos de interpretação

Método de interpretação jurídica consiste no meio, na ordem, na maneira, no processo científico e racional utilizado pelo hermeneuta ao interpretar. O mestre português Canotilho tem feito escola na doutrina constitucionalista de muitos países. Para ele, como citado acima, a interpretação das normas jurídicas consiste na aplicação de um conjunto de métodos fundados em critérios de filosofia, epistemologia, entre outros, de maneira que ente tais métodos não ocorre exclusão alguma, mas sim complementação recíproca (LENZA, 2009, p. 91). Ele destaca, basicamente, seis métodos de interpretação, em seguida resumidamente expostos.

1.2.1. Método jurídico ou hermenêutico clássico

Prevê a interpretação jurídica através da aplicação de todos os métodos tradicionais. Para tanto, o hermeneuta descobriria o verdadeiro significado e sentido da norma valorando bastante o texto dela e raciocinando especialmente a partir de nove elementos: genético, para investigar a origem do conceito empregado pelo legislador; gramatical, filológico, literal ou semântico, quando considerado o texto normativo; lógico, a fim de estabelecer harmonia entre as normas; sistemático, ao se analisar todo o sistema jurídico pertinente; histórico, abrangendo o estudo do projeto de lei, a sua justificativa, motivos, pareceres, debates etc.; teleológico ou sociológico, com o fim de encontrar a finalidade da norma; popular, relevando o posicionamento de partidos políticos, sindicatos e entidades sociais, bem como considerando plebiscitos, referendos, *recalls*, vetos, entre outros; doutrinário, ao se basear em interpretação realizada pela doutrina; evolutivo, para analisar-se a norma objeto de interpretação segundo a mutação constitucional (LENZA, 2009, p. 92).

1.2.2. Método tópico-problemático

Caracterizado especialmente pelo fato de a interpretação ocorrer de maneira a se partir de um problema concreto para a norma e, por conseguinte, solucionar-se um problema já concretizado, o que, naturalmente, exige um sistema aberto de regras e de princípios, que compõem a própria norma (LENZA, 2009, p. 92).

1.2.3. Método hermenêutico-concretizador

Identificado pela característica de ser o inverso do método tópico-problemático, ou seja, por partir da norma para o problema concreto, sendo que o intérprete pode se valer de suas pré-compreensões (pressupostos subjetivos), pode utilizar a realidade social para efetuar a mediação entre a norma e o caso concreto (pressupostos objetivos), e também pode interagir os pressupostos objetivos e subjetivos a fim de compreender a norma, raciocínio denominado por Lenza (2009, p. 93) de "círculo hermenêutico".

1.2.4. Método científico-espiritual

Por ele mais vale a realidade social e os valores subjacentes do texto constitucional do que este próprio, possibilitando uma interpretação dinâmica que compreende constantes renovações em razão da evolução das relações sociais. De acordo com Coelho *apud* Lenza (2009, p. 93) "tanto o direito quanto o Estado e a Constituição são vistos como fenômenos culturais ou fatos referidos a valores, a cuja realização eles servem de instrumento."

1.2.5. Método normativo-estruturante

Marcado por considerar inexistente uma identidade total

entre a norma jurídica e o texto normativo, razão pela qual analisa o teor da norma por meio de sua concretização na respectiva realidade social. Com efeito, essa realização da norma deve ocorrer tanto por atividade do legislador quanto do Judiciário, do Executivo e de todos mais que compuserem tal realidade social. Como resultado disso, segundo Coelho *apud* Lenza (2009, p. 93), "Em síntese, no dizer do próprio Müller, o teor literal de qualquer prescrição de direito positivo é apenas a 'ponta do *iceberg*'; todo o resto, talvez a parte mais significativa, que o intérprete-aplicador deve levar em conta para realizar o direito, isso é constituído pela *situação normada,* na feliz expressão de Miguel Reale."

1.2.6. Método da comparação constitucional

Como o próprio nome indica, a interpretação jurídica deve se dar por meio de comparação de diversos ordenamentos. Observa Lenza (2009, p. 93) que "Partindo-se dos 4 métodos ou elementos desenvolvidos por Savigny (gramatical, lógico, histórico e sistemático), Peter Häberle sustenta a canonização da comparação constitucional como um quinto método de interpretação."

1.3. Princípios de interpretação

Princípio de interpretação jurídica significa o fundamento lógico ou científico do raciocínio realizado pelo intérprete. Destarte, além de métodos, a hermenêutica jurídica se vale também de princípios. Dentre eles destacam-se os oito em seguida mencionados.

1.3.1. Princípio da unidade da Constituição

Representa a idéia de que a Constituição é una, indivisa. Por isso, ainda que seja vasta a subjetividade de suas normas (compostas por princípios expressos, implícitos e regras), eventuais antinomias sempre serão meramente aparentes e, em razão disso, deverão ser afastadas. Novamente segundo o ilustre mestre Canotilho *apud* Lenza (2009, p.94), "o princípio da unidade obrigado o intérprete a considerar a constituição na sua globalidade e a procurar harmonizar os espaços de tensão (...) existentes entre as normas constitucionais a concretizar (ex.: princípio do Estado de Direito e princípio democrático, princípio unitário e princípio da autonomia regional e local)."

1.3.2. Princípio do efeito integrador

O princípio do efeito integrador funda-se na idéia de que o êxito da organização civil, o alcance da paz social e a garantia de harmonia da vida em sociedade são conquistados especialmente através da implementação de integração política e social. Por esse motivo ensina Canotilho *apud* Lenza (2009, p. 95) que esse princípio prevê que "na resolução dos problemas jurídico-constitucionais deve dar-se primazia aos critérios ou pontos de vista que favoreçam a integração política e social e o reforço da unidade política", o que leva Lenza (2009) a observar que tal preceito está "Muitas vezes associado ao princípio da unidade."

1.3.3. Princípio da máxima efetividade

O princípio da máxima efetividade das normas constitucionais também é conhecido como princípio da eficiência ou da interpretação efetiva, já que o seu conteúdo almeja dar à norma a efetividade social mais ampla possível. Canotilho *apud* Lenza informa que se trata de um princípio

> operativo em relação a todas e quaisquer normas constitucionais, e embora a sua origem esteja ligada à tese da atualidade das normas programáticas (...), é hoje sobretudo invocado no âmbito dos direitos fundamentais (no caso de dúvidas deve preferir-se a interpretação que reconheça maior eficácia aos direitos fundamentais) (LENZA, 2009, p. 95).

1.3.4. Princípio da justeza ou da conformidade funcional

Nas palavras de Pedro Lenza,

> O intérprete máximo da Constituição, no caso brasileiro o STF, ao concretizar a norma constitucional, será responsável por estabelecer a força normativa da Constituição, não podendo alterar a repartição de funções constitucionalmente estabelecidas pelo constituinte originário (LENZA, 2009, p. 95).

Complementa Ehmke *apud* Lenza (2009, p. 95): o intérprete da norma "não pode chegar a um resultado que subverta ou perturbe o esquema organizatório-funcional constitucionalmente estabelecido."

1.3.5. Princípio da concordância prática ou harmonização

Teoricamente, encontra-se harmonia entre as normas jurídicas com bem mais facilidade do que ocorre quando se está diante de um caso concreto. Em decorrência disso o princípio da concordância prática surge como oportuno e conveniente para o fim de superar essa dificuldade ao se aplicar a ciência jurídica. Ligado ao princípio da unidade da Constituição, o preceito ora em análise prevê que

> os bens jurídicos constitucionalizados deverão coexistir de forma harmônica na hipótese de eventual conflito ou concorrência entre eles, buscando-se, assim, evitar o sacrifício (total) de um princípio em relação ao outro em choque. O fundamento da idéia de concordância decorre da inexistência de hierarquia entre os princípios. (LENZA, 2009, p. 95).

1.3.6. Princípio da força normativa

Apesar de intitulado força normativa, Pedro Lenza (2009, p. 96) define o presente princípio como aquele que sentencia que "Os aplicadores da Constituição, ao solucionarem conflitos, devem conferir a máxima efetividade às normas constitucionais." De novo nas insubstituíveis palavras de Canotilho *apud* Lenza (2009, p. 96), "deve dar-se prevalência aos pontos de vista que (...) contribuem para uma eficácia ótima da lei fundamental. Conseqüentemente, deve dar-se primazia às soluções hermenêuticas que (...) possibilitam (...) eficácia e permanência." Gilmar Mendes *apud* Lenza (2009, p.96), talvez pela combinação de sua larga experiência como doutrinador e também como julgador, lucidamente atento ao conteúdo deste princípio e igualmente à maneira com que deve ser colocado em prática, complementa o significado desse preceito fundamental com uma observação de suma importância para esta pesquisa:

> sem desprezar o significados fatores históricos, políticos e sociais para a força normativa da Constituição, confere Hesse peculiar realce à chamada vontade da Constituição (...). A Constituição, ensina Hesse, transforma-se em força ativa se existir a disposição de orientar a própria conduta segundo a ordem nela estabelecida, se fizerem presentes, na consciência geral – particularmente, na consciência dos principais responsáveis pela ordem constitucional -, não só a vontade de poder (...), mas também a vontade de Constituição."

1.3.7. Princípio da interpretação conforme a constituição

Constitui-se na necessidade de que, diante de normas plurissignificativas ou polissêmicas, que possuem mais de uma interpretação, seja realizada a interpretação que mais esteja de acordo com a Constituição. Desse modo o princípio ora em exame passa a ter várias dimensões: prevalência da Constituição; conservação de normas; exclusão de interpretação contra lei; espaço de interpretação; rejeição ou não aplicação de normas inconstitucionais; proibição de o intérprete atuar como legislador positivo (LENZA, 2009, p. 96-97).

1.3.8. Princípio da proporcionalidade ou da razoabilidade

O princípio da proporcionalidade não está expressamente previsto na Constituição Federal brasileira, mas decorre da interpretação feita do conteúdo da expressa previsão do devido processo legal (art. 5º, LIV). Consiste, resumidamente, em se ponderar duas ou mais normas, fazendo com que, em relação a determinado caso, somente uma delas prevaleça em face das demais.

O preceito ora em tela tem a finalidade principal de legitimar, fiscalizar e possibilitar restrições de direitos. Igualmente denominado de princípio da razoabilidade, como cita Lenza (2009, p. 97), tem fundamento axiológico de "justiça, eqüidade, bom senso, prudência, moderação, justa medida, proibição de excesso", sendo, portanto, inevitavelmente utilizado no caso de aparente antinomia entre valores constitucionalizados. A proporcionalidade referida exige necessidade, assim entendida a indispensabilidade de restrição de determinada norma ou a impossibilidade de substituição de tal restrição por outra menos gravosa ao sujeito afetado; adequação, compreendida como a pertinência ou a idoneidade da restrição escolhida; e proporcionalidade em sentido estrito, vista como a análise confirmatória de que a norma protegida realmente se sobrepõe à outra restringida.

1.4. O problema da tradicional estrutura da interpretação jurídica em face do Estado Democrático de Direito contemporâneo

Processando-se os conceitos aludidos, resulta bem nítida uma das características mais marcantes da interpretação jurídica brasileira: em geral, as regras para se interpretar não são positivadas na Constituição ou nas leis, e sim criadas, alteradas, renovadas e acrescidas pela doutrina e pela jurisprudência. Como decorrência dessa estrutura e da própria diferença entre os seres humanos (notória e por todos conhecida, dispensando citação científica), naturalmente não existe pleno consenso acerca da utilização e do alcance de métodos e de princípios. Essa evidência tem sido aprofundada ainda mais pelo fato de a ciência contemporânea evoluir mais rapidamente do que os seres humanos a podem assimilar.

Se por um lado a elástica flexibilidade na interpretação jurídica afasta qualquer espécie de engessamento do ordenamento jurídico em face da evolução das relações sociais (aspecto positivo), por outro lado ocorre o efeito mais lógico dessa ampla subjetividade: interpretações bastante variadas, sobre as quais existem divergências que muitas vezes tendem a abolir a harmonia da vida em sociedade, enfraquecer a paz social e colocar em risco a organização civil (aspecto negativo).

Além disso, como é por todos sabido que o ser humano que interpreta a norma facilmente percebe que o sistema jurídico aceita com quase total flexibilidade a sua interpretação, para os demais surge como forte e constante a preocupação de que o intérprete realize interpretação conforme a vontade da norma e não a sua própria. Com efeito, como tentativa de atenuar essa preocupação, hierarquizou-se o sistema jurídico, tanto fazendo-se a Constituição se sobrepor ao restante do ordenamento, quanto criando-se diferentes instâncias no Poder Judiciário.

Contudo, em que pesem os esforços para evitar a imposição de uma vontade própria em detrimento da real vontade da norma, a mencionada preocupação sempre subsiste. Conseqüentemente, criou-se também o costume, a tradição, de se acreditar que a última decisão, aquela de maior hierarquia dentro do Poder Judiciário, é a que revela a real vontade da norma jurídica interpretada.

Neste trabalho é exatamente este ponto que se deseja contestar: seria esse costume de aceitação da interpretação da instância hierarquicamente superior apenas fictício e artificial em vez de científico e real? Seria ele legítimo dentro do Estado Democrático de Direito contemporâneo?

Apontando para uma forte possibilidade de tal resposta ser no sentido de ficção, artificialidade e ilegitimidade, agora registramos com mais intensidade a já a referida preocupação acerca da prevalência da vontade própria do intérprete e não a que ele deveria entender como a real vontade da norma interpretada. E justamente essa preocupação mais intensa, que obviamente representa uma crítica veemente ao atual sistema, origina uma nova sugestão para uma atenuação bastante considerável dessa mesma preocupação: o princípio da conformidade.

2. FUNDAMENTAÇÕES JURÍDICAS EM FACE DA HERMENÊUTICA

2.1. Quando realmente é cabível a interpretação

Como apontado no capítulo anterior, devido à grande flexibilidade de normas jurídicas materiais, bem como em razão da ausência de regramento detalhado sobre a atividade interpretativa, a interpretação jurídica se tornou muito comum e inclusive essencial à plena realização do Direito. No entanto é preciso refletir: sempre é possível ao intérprete escolher interpretar ou não a norma?

A nossa resposta é prontamente negativa: o intérprete jamais pode escolher interpretar ou não interpretar uma norma. Ele não está investido de poder nem de legitimidade para essa discricionariedade. Isso porque quem define se a norma deve ou não ser interpretada será inicialmente o legislador e, após, o dever de interpretação somente poderá resultar do juízo de convicção do intérprete que concluir que a respectiva norma, tal como posta, enseja dúvida.

Aliás, a doutrina tradicional é unívoca em afirmar que a dúvida é pré-requisito para a interpretação, todavia geralmente se limitando a essa constatação e à citação de princípios e métodos, sem enfrentar o grave problema do limite da interpretação e pouco falando sobre sua forma, razão, tempo, lugar, prática etc.

Exemplificando-se o dito, nas palavras de Lenza (2009, p. 90), "Como regra fundamental, lembramos que, onde não existir dúvida, não caberá ao exegeta interpretar". O autor, em seguida, chega a citar o exemplo – elogiável, mas bastante óbvio, até tímido, ao nosso ver – de que o art. 18, §1º, da Constituição Federal brasileira de 1988, fixa Brasília como Capital Federal e, por isso, não comportaria interpretação alguma.

Em igual teor e timidez, Norberto Avena (2011, p. 92), certamente atento ao enorme problema que ora nos propomos a bastante atenuar, escreve que "A interpretação de uma norma não pode ser realizada à revelia de certos critérios. Por isso existem métodos de interpretação da norma", citando formas clássicas de exegese.

2.1.1. Por que o hermeneuta tem o poder/dever de interpretar somente quando houver dúvida

O esclarecimento que ora se presta (interpretar somente quando houver dúvida) revela-se de suma importância para toda a ciência jurídica, por inúmeros motivos, dentre os quais: (i) mesmo que seja basilar, é costumeiramente confundido ou inobservado; (ii) ainda que exista farta literatura sobre a interpretação ser realizada quando (e somente quando) houver dúvida, corriqueiramente tem sido política (e não técnica) a decisão que decide interpretar ou não; (iii) não se tem verificado (controlado) se as interpretações efetuadas realmente foram exigidas pela norma conter ambigüidade, confusão, imprecisão, equívoco, entre outros desdobramentos de "dúvida", conduta omissiva que inequivocamente tem passado a ser condescendente com interpretações ilegítimas, porquanto indevidas;

(iv) como interpretação significa descobrir a vontade da própria norma, é obrigatório que o intérprete desconsidere totalmente a sua vontade pessoal de interpretar ou não; (v) somente porque ausente ordenamento detalhado da atividade de exegese, não se pode considerar que esta não tenha limites nem exigências, nem tampouco nasce ao intérprete a possibilidade de interpretação segundo a sua vontade pessoal; (vi) o juízo de convicção do intérprete é um dever funcional a ser cumprido e fiscalizado, evitando-se que a sua vontade pessoal influencie ou motive a interpretação, que, repete-se, deve ocorrer conforme a vontade da norma; (vii) caso o intérprete queira manifestar a sua vontade pessoal ou mesmo de acordo com ela, deve fazê-lo oportunamente (por exemplo, por meio de sugestão ao legislador, elaboração de artigo científico com o esclarecimento de se estar descrevendo como é a norma ou como esta deveria o ser), sem alterar a vontade legitimamente normatizada.

Obviamente, existe uma dificuldade imensa (mas que acreditamos ser vencível, caso aplicado o princípio da conformidade) em se delimitar o juízo de convicção do que é vontade da norma e o que consiste na vontade pessoal do intérprete. É possível que, diante de determinada interpretação, até mesmo essas duas vontades se confundam parcial ou totalmente. Porém não há como não se reconhecer que são institutos diferentes e que, enquanto tal, não podem ser confundidos, sob pena de não se realizar o pleno e transparente Direito do nosso Estado Democrático ou de ilegitimamente contaminá-lo com vontade pessoal diversa da normatizada.

Em razão disso, quando essa teoria basilar é esquecida e a prática passa a ser a não mais separação de tais vontades ou a ausência de fiscalização acerca do cumprimento desse dever funcional, inegavelmente surgem os resultados: apoderamento indevido, exercício ilegítimo de poder, realização arbitrária a titulo de democracia; prática de vontade pessoal em detrimento de direitos e garantias fundamentais.

2.1.2. Interpretação admissível como progresso e não conservadorismo

Atentamos para o fato de não estarmos defendendo, sob qualquer aspecto, o engessamento do ordenamento jurídico ou de decisões e posicionamentos. Nem tampouco estamos sugerindo a observância de um processo mecânico de interpretação. Muito pelo contrário, estamos cientes de que a evolução das relações sociais exige, pelo menos, idêntica evolução das normas jurídicas. E é no caminho mais evolutivo possível que estamos trilhando a nossa pesquisa. Tanto é verdade que, por determinado prisma, podemos avaliar o princípio da conformidade como uma grande permissão e legitimação da sempre existente subjetividade hermenêutica. Porém a separação dos poderes de um Estado Democrático de Direito não pode permitir que o intérprete legisle (vontade pessoal), especialmente quando esse ato de legislar se dá através do próprio intérprete concluindo que é o juízo por ele mesmo feito que significa a real vontade da norma. Assim, como é natural que toda liberdade e subjetividade tenha regras e limites, o instrumento de interpretação em exame apenas propõe uma forma constitucional de regramento e de delimitação.

Clarificamos, do mesmo modo, que a mutação constitucional ou a legal é sempre muito bem-vinda, desde que cabível por se tratar realmente da vontade da norma e não de uma vontade meramente pessoal. Curiosamente, aqui reside um dos pontos mais sensíveis deste debate: caso quem interprete parta do pressuposto de que a norma interpretada signifique tão somente a vontade pessoal de quem a aprovou (e não a manifestação majoritária do poder do povo) e por isso deixe de aplicá-la, corrija-a ou a modifique, inegavelmente esse exegeta estará legislando. Isso violaria o princípio da separação dos poderes e, por conseguinte, a fim de rechaçar essa hipótese, consiste em mais um argumento forte a favor da utilização do método de controle que ora estamos propondo.

Além disso, é oportuno esclarecermos que em tempos da constitucionalização do Direito Privado e da efetiva jurisdição para a tutela dos direitos fundamentais, o descobrimento e a prática da vontade da norma se fazem cada vez mais importantes. Também por isso cresce a nossa preocupação em se interpretar realmente somente quando houver dúvida e, havendo ela, proteger-se a vontade normatizada e rechaçar-se a vontade pessoal do intérprete. Tudo pela tentativa de perfectibilizar (de antemão, naturalmente inalcançável, mas cuja busca é o melhor caminho para a maior qualificação possível) a realização dos direitos do nosso Estado Democrático.

Enfim, como se identificaria a vontade normatizada ou a pessoal, diante de um caso determinado? Logicamente, não é possível "entrar na mente do intérprete e lê-la". Porém é plenamente possível e, ao que nos parece, não menos adequado, que a interpretação passe a ser um pouco mais regrada. Não necessariamente com normas positivas, mas, em nome da própria liberdade funcional da doutrina, por exemplo, por meio do princípio da conformidade.

Essa proposta, longe de ser conservadora da ordem tradicional vigente, é bastante progressiva e progressista, porquanto, sem restringir os casos de interpretação já permitidos, organiza essa atividade hermenêutica, assegurando a (cada vez mais bem quista) efetiva realização do Estado Democrático de Direito, pois atesta, em suma, que o poder de fato está emanando do povo (§ único do art. 1º da Constituição Federal). Finalmente, pensamos que apenas quando se constata amplamente a aplicação plena e regular do princípio da conformidade é que se alcança a garantia de a interpretação realizada ser mesmo juridicamente admissível.

2.2. A ausência de norma positivada acerca do critério (e da sua origem) para a escolha do método ou do princípio aplicado

Em função da ausência de normatização detalhada da atividade de interpretação jurídica, como anteriormente explicado, nascem outras ausências como (i) a ausência de norma positivada acerca do critério (e da sua origem) para a escolha do método ou do princípio aplicado; (ii) a não expressão do critério da escolha do método e do princípio aplicado; (iii) a não expressão da origem do critério da escolha do método e do princípio aplicado.

A não positivação de normas regulamentadoras do critério a ser aplicado para se escolher qual é o método ou o princípio a ser aplicado faz com que essa tarefa passe a ser vista pela jurisprudência e especialmente pela doutrina. Entretanto, como algo muito previsível (já que a doutrina é ainda mais subjetiva que a norma positiva), as divergências existentes nessa importante fonte do Direito (doutrina) fazem com que nela também não sejam fixados todos os critérios necessários para a escolha do método ou do princípio a ser aplicado no enfrentamento de um determinado caso jurídico, repetindo-se, em boa parte, a ausência de regramento positivo.

Ou seja, sobre este tema, não há norma positiva detalhada, nem regra detalhada doutrinariamente fixada. De modo bem simples, registramos que a parcial omissão legislativa, no intuito de deixar à doutrina essa árdua tarefa, acaba permitindo que ocorra o que entendemos ser uma grave insegurança jurídica: apesar de a interpretação ser feita através da aplicação de métodos e de princípios doutrinariamente estabelecidos, estes instrumentos não são escolhidos com base em um critério determinado ou conhecido (nem o conteúdo de cada método ou princípio é suficiente para constituir um critério seguro de escolha), de modo que a instabilidade e a incerteza acerca da utilização deles também assim passam a caracterizar o exercício da própria jurisdição.

2.3. A não expressão do critério da escolha do método e do princípio aplicado

No item anterior se constatou a ausência de regramento positivo ou doutrinário que detalhe a atividade hermenêutica, omissão verificada no plano abstrato/teórico. Isso ocasiona duas conseqüências concretas/práticas: a não expressão do critério da escolha do método e do princípio aplicado, bem como a não expressão da origem do critério da escolha do método e do princípio aplicado. Passamos a analisar a primeira dessas conseqüências práticas.

Na presente pesquisa, inicialmente definimos interpretação e hermenêutica, demonstramos os seus princípios e métodos e denunciamos o problema da tradicional estrutura da interpretação jurídica em face do Estado Democrático de Direito contemporâneo. Em seguida, esclarecemos que somente pode haver interpretação quando houver dúvida e apontamos as razões de o hermeneuta ter o poder/dever de interpretar somente quando dúvida houver.

Destarte, já que visamos (i) a examinar decisões e posicionamentos jurídicos, (ii) identificar a sua fundamentação, (iii) especialmente o princípio e o método de interpretação eventualmente aplicados, (iv) e constatar que tais princípios e métodos são escolhidos discricionariamente pelo intérprete, a estrutura lógica dessa exposição exige que agora passemos a revelar que esta escolha discricionária não obedece a um critério definido expressamente pelo sistema jurídico.

Naturalmente, a ausência desse critério (para a escolha do princípio e do método aplicado) decorre especialmente da própria inexistência de detalhes regentes da atividade de interpretação. É muito singelo de se entender: como não há regra posta nem entendimento jurisprudencial ou doutrinário de que o critério para a escolha de determinado método ou princípio seja exposto, esse trabalho de exposição simplesmente não é feito.

Afinal, (i) se não há "ordem" para que o hermeneuta assim trabalhe, (ii) se é nítido que, caso assim trabalhasse, ele teria ainda mais trabalho e (iii) certamente encontraria mais dificuldade em fundamentar a sua "visão" do que enxergasse ser a vontade da norma, porque ele espontaneamente faria a exposição do critério que o levou a escolher determinado método ou princípio? Em palavras mais modestas, porque o hermeneuta escolheria fazer o mais difícil e trabalhoso se pode fazer o mais simples e fácil? Por que espontaneamente "complicaria" o seu próprio trabalho, se pode desenvolvê-lo com mais liberdade e menos suscetível a controle ou fiscalização?

A verdadeira resposta a essas perguntas óbvias é que o exegeta geralmente não explicita tais critérios porque não tem o dever legal, nem o jurídico, nem a vontade pessoal para tanto. Por conseguinte, cada hermeneuta tem a liberdade para aplicar um determinado método ou princípio de acordo com aquilo que (implicitamente) acredita levar à "vontade da norma." E a sua decisão fica automaticamente legitimada (por exemplo, em relação ao Poder Judiciário, por emanar de autoridade investida do poder de livre convencimento motivado), passando a se considerar que a vontade da norma fora realmente encontrada quando determinado entendimento foi tornado definitivo (geralmente, com o trânsito em julgado da decisão).

Diferentemente, como se pode perceber, caso o critério da escolha do princípio e do método da interpretação obrigatoriamente devesse ser expressado pelo intérprete, nasceria a ele o dever de coerência tanto no tocante às suas outras próprias interpretações quanto àquelas interpretações realizadas por outrem que eventualmente vinculem as interpretações dele (por exemplo, súmulas vinculantes e decisões de órgãos hierarquicamente superiores, no caso do Poder Judiciário; no caso de hermeneutas advogados, poder-se ia falar no nascimento do dever – moral - de petição coerente com outras peças por ele elaboradas).

Isto é: não haveria tão ampla e quase irrestrita liberdade na aplicação de um instrumento de interpretação. Evitar-se-ia, para adiantar exemplos mais adiante colacionados, que, diante de um caso concreto, um exegeta aplicasse o princípio da especialidade em detrimento do princípio da posterioridade e, diante de outro caso concreto semelhante, optasse pelo princípio da posterioridade em detrimento do da especialidade. Evitar-se-ia, no exemplo dado, objetivamente, que o mesmo intérprete interpretasse diferentemente casos essencialmente idênticos, injustiça que, quando praticada, evidencia tanto a ausência de critério quanto a utilização de um critério obscuro que, por ser desconhecido, não estaria sujeito a controle e seria legitimado somente por ter sido utilizado por sujeito capaz de interpretar.

2.4. A não expressão da origem do critério da escolha do método e do princípio aplicado

Didaticamente, retomemos resumidamente o raciocínio realizado até aqui: (i) a hermenêutica jurídica atualmente é caracterizada por omissões e acentuada subjetividade. Inicialmente, (ii) não existe regramento detalhado acerca das formas de interpretação; (iii) em função disso, diante de um caso determinado, sobrepõe-se um método e/ou um princípio, geralmente, sem que o hermeneuta registre expressamente o critério determinante dessa sobreposição e, por fim, (iv) sem citação da origem desse critério (razões da escolha etc.).

Após explicadas as omissões anteriores, que, por si, caso sanadas, já tornariam satisfatórias as interpretações a ponto de estas não mais gerarem acentuada insegurança, agora explanamos a respeito da omissão situada na última etapa desse raciocínio, a saber, aquela em relação à origem do critério de escolha do princípio ou do método sobreposto. Acreditamos que o saneamento dessa última omissão seria a "quase-perfectibilização" da atividade de interpretar. A propósito, em razão de sua forma visivelmente trabalhosa, poderia ser exigida pelo menos em alguns casos e dispensada em outros, seguindo-se a lógica, por exemplo, da dispensa de relatório nas sentenças proferidas pelos Juizados Especiais Cíveis.

A não expressão da origem do critério da escolha do método e do princípio aplicado, por simples raciocínio lógico, acontece em conseqüência das omissões anteriores nesse processo de exegese, como o não detalhamento das regras de interpretação e a não expressão do critério da escolha do método e do princípio aplicado. Pois seria até mesmo ilógico fundamentar um critério não expressado em determinada interpretação.

A origem (razões, fundamentos, proveniência) desses critérios, caso exposta nas decisões e nos posicionamentos de uma interpretação, da mesma forma que a fundamentação "ordinária" geralmente o é, atestaria um grau elevado de legitimidade e de regularidade da respectiva interpretação, assegurando a segurança jurídica digna (entre outros valores fundamentais) do Estado Democrático de Direito contemporâneo.

Para didaticamente de novo adiantarmos um pouco da aplicação prática do princípio da conformidade, o que melhor ao fim demonstraremos, basta que pensemos na hipótese anteriormente referida. A opção hipoteticamente feita pela especialidade e não pela posterioridade, ao se interpretar qual lei deve regular um caso concreto, além de fazer o critério integrar a respectiva fundamentação, implicaria ainda em expor a proveniência desse critério.

Nesse caso hipotético, poderiam ser exemplos de critérios aplicados: a lei posterior não revogou a especial anterior justamente porque queria que esta permanecesse regulando tal matéria; as leis antigas e não revogadas expressamente são mais sólidas do que as recentes ainda não fartamente passíveis de contestação. E poderiam ser citados como exemplos da origem do critério aplicado: foi o utilizado em outras tradicionais decisões; é o único que permite se decidir em favor do réu, cumprindo-se o mandamento constitucional de, na dúvida, em favor dele se decidir; dos possíveis de serem aplicados, é aquele que causa menor gravame ao devedor ou o que garante a efetivação mais célere do direito fundamental em questão.

3. O PRINCÍPIO DA CONFORMIDADE

3.1. A síntese do princípio da conformidade

O que denominamos princípio da conformidade: um instrumento de hermenêutica para a demonstração de que uma decisão ou um posicionamento é adequado, especialmente em razão de sua fundamentação ser legítima, admissível, coerente, apropriada e passível de compreensão, revelando, para tanto, os métodos e os princípios de interpretação adotados, o critério de escolha destes e a origem de tal critério. É parte integrante da própria fundamentação, preferencialmente apresentado em tópico específico e passível do mesmo controle a que se sujeitam os demais fundamentos respectivos. Objetiva, em suma, esclarecer e legitimar decisões e posicionamentos jurídicos, bem como facilitar o controle destes, a fim de realizar de forma plena e eficaz o Estado Democrático de Direito contemporâneo.

3.2. A síntese do problema a ser solucionado pelo princípio da conformidade

Há casos que comportam interpretação; neles, muito embora exista uma origem objetiva e determinada do critério para a definição do método ou do princípio de hermenêutica a ser aplicado (sendo essa origem juridicamente possível, mas não registrada na respectiva peça), diante da ausência de formalidade específica para que tal critério e sua origem sejam de fato expressados na peça em que utilizada, quando, quem, onde, como, quanto, e por que enfim se poderia ou deveria expressar a referida procedência da definição do método ou do princípio a ser sobreposto?

3.3. Necessidade, adequação e urgência do princípio da conformidade

Como explanado, a Constituição Federal da República Federativa do Brasil e as leis infraconstitucionais brasileiras contêm acentuado grau de subjetividade, que se constitui em grandes lacunas a serem preenchidas pelos seus intérpretes.

Para decidir ou se posicionar, os intérpretes das normas geralmente se valem de métodos e de princípios, dentre os quais os inicialmente sintetizados. Curiosamente, estes instrumentos de hermenêutica, para serem aplicados, são escolhidos discricionariamente pelo próprio intérprete. E essa escolha ocorre sem regras fixas e hierarquias; portanto, com fulcro em critérios indefinidos e geralmente não controlada especificamente.

Dessa forma, considerando que os métodos e os princípios tradicionais de hermenêutica, embora individualmente com conteúdo claro e definido, possuem aplicação condicionada por critérios indefinidos (sem regras nem hierarquias), freqüentemente se constatam impropriedades (contradições, obscuridades, omissões, incompreensões etc.) na interpretação das normas.

Disso são exemplos: a) decisões e posicionamentos contrapostos fundamentados por um mesmo método ou princípio; b) decisões e posicionamentos iguais fundamentados por métodos ou princípios diversos; c) o que é mais comum, o fato de um mesmo intérprete, diante de um caso concreto, justificar a sua decisão ou posição com um determinado método ou princípio (que, portanto, prevalece em relação a outro da espécie) e, noutra oportunidade, enfrentando outro caso concreto semelhante, decidir ou se posicionar fazendo então prevalecer o método ou princípio outrora preterido (e não o que naquela ocasião foi sobreposto).

Destarte, por simples raciocínio lógico, evidencia-se que, dentre outros pontos: a) o motivo a legitimar determinada decisão ou posicionamento é escolhido através da aplicação de um critério previamente desconhecido pela coletividade; b) diante de um mesmo caso concreto e das mesmas normas, intérpretes diferentes podem decidir ou se posicionar diferentemente, possivelmente sem violação alguma do sistema jurídico e, paradoxalmente, sem que este permita que o intérprete seja legislador e sem que exista a possibilidade jurídica de um fato sequer não encontrar norma a ele aplicável.

Além disso, observamos que, tanto a realização da interpretação em si, quanto a aludida existência de diferença de posicionamento de intérpretes diversos, nem sempre estão inseridas na permissão/determinação jurídica de que somente quando houver dúvida sobre a norma se realize interpretação/hermenêutica dela.

A partir disso se constata que, na prática, são realizadas interpretações mesmo quando não existe dúvida, bem como que, nos casos de existência de dúvida, esta não é expressada de forma clara e objetiva pelo intérprete respectivo, limitando-se este a contrariar o texto da norma através da aplicação de um método ou princípio escolhido com base em critérios igualmente não expressados.

Diante disso, sistematizamos reflexões: (i) já que cada caso concreto exige uma decisão própria e específica, a cada nova decisão proferida por meio de atividade interpretativa de fato se realiza o raciocínio de se tratar realmente de decisão que exige ou comporta interpretação? A prática jurídica demonstra que não, sendo notório pelos operadores do Direito que as decisões e os posicionamentos não explicitam especificamente se tratar de caso acerca do qual cabe ou não interpretação; (ii) quando é cabível interpretação, qual é o critério utilizado para a escolha do princípio ou do método aplicado? Naturalmente existe um critério, consciente ou inconsciente, mas que não é costumeiramente explicitado; (iii) qual é a origem do critério de escolha dos métodos e princípios que fundamentam uma decisão ou um fundamento? Já que o critério não é expressado, nem tampouco o é o cabimento ou não de interpretação, absolutamente não é registrada a origem mencionada; (iv) essa origem é juridicamente possível? Para responder, é preciso primeiro conhecê-la; (v) essa origem é registrada expressamente nas decisões e nos posicionamentos? Não o é, o que impossibilita o seu controle; (vi) a formalidade jurídica permite o registro expresso dessa origem na respectiva peça processual? Entendemos que não só possibilita como determina, como será demonstrado no tópico seguinte; (vii) a que título se faz, pode-se ou se deve fazer o registro dessa origem determinante do critério utilizado para definir o método ou o princípio a ser aplicado ao caso concreto então analisado? Sugerimos que se faça por meio do ora proposto princípio da conformidade.

Ou seja, abordando a verdadeira razão e a origem das decisões e posicionamentos, propomos o saneamento dessas dúvidas através da aplicação do princípio ora criado. Este, por sua vez, em razão de estar se revelando capaz de sanear essas inquietações, passa a ser considerado necessário ao sistema jurídico.

Essa indispensabilidade fica ainda mais clara caso consideremos que todos os cidadãos, de forma direta e imediata (partes em processos judiciais ou administrativos) ou inclusive indireta e mediata (destinatários de normas abstratas), são bastante afetados por normas jurídicas.

Ademais, para o Princípio proposto ser contemplado pela hermenêutica jurídica e passar a ser necessário a ela, salientamos o seu interessante aspecto em termos sociais, a saber, por exemplo, que as partes entenderão e aceitarão melhor a decisão do Estado-Juiz, bem como a sua feição científica, de que é exemplo uma nova perspectiva a ser adotada nas peças processuais ou raciocínios que contiverem decisões ou posicionamentos jurídicos. Pois, em que pese se tratar de um novo princípio, dúvidas já tradicionais na área jurídica - relacionadas aos problemas acima relatados – podem passar a ter uma nova e concreta expectativa de serem finalmente saneadas.

Bem. Constatada essa necessidade, oportunamente elaboramos a pergunta (que em tópico acima, foi didaticamente adiantada) que é o questionamento principal para o fim específico do presente trabalho: há casos que comportam interpretação; neles, muito embora exista uma origem do critério para a definição do método ou do princípio de hermenêutica a ser aplicado (sendo essa origem juridicamente possível, mas não registrada na respectiva peça), uma vez que já constatamos a ausência de formalidade específica para que tal critério e sua origem sejam de fato expressados na peça em que utilizados, quando, quem, onde, como, quanto e por que enfim se poderia ou deveria expressá-los? Respondemos objetivamente que o critério de uma decisão ou de um posicionamento e a sua origem podem/devem ser explicitados no momento em que se decide ou se posiciona, por quem assim procedeu, na peça respectiva, a título de observância do princípio da conformidade, expressando pelo menos o critério correspondente (se a expressão da origem dele for considerada excessiva), com o objetivo de se realizar o Estado Democrático de Direito contemporâneo.

Ora, por ser capaz de suprir as necessidades e de responder satisfatoriamente aos problemas formulados, além de necessário, o princípio da conformidade se revela também adequado ao objetivo estabelecido (o que fica melhor evidenciado no item seguinte, sobre a teoria e os fundamentos pertinentes).

Como se já não bastasse, passamos a demonstrar a urgência do postulado em exame. À luz das tendências identificadas nos sistemas jurídicos contemporâneos, citamos os processos de mutação constitucional, garantismo constitucional e constitucionalização do direito privado (LENZA, 2009), crescentemente utilizados tanto para interpretar as normas jurídicas quanto para realizá-las de forma plena e efetiva.

A partir dessas novas disposições, estão sendo rapidamente alteradas as características da hermenêutica jurídica. Exemplificamos: a jurisprudência e especialmente a doutrina têm se posicionado pela tutela efetiva dos direitos fundamentais, mesmo que inexista lei para tanto (MARINONI, 2011); Norberto Avena (2011, p. 445), ao aplicar ao processo penal uma leitura constitucional, ensina que o "Princípio da Verdade Real Supera o formalismo da década de 40".

Essa nova postura que está sendo imposta ou designada ao Judiciário visivelmente se contrapõe à tradicional hermenêutica, à inércia da jurisdição e a outras lógicas clássicas similares (DONIZETTI, 2010), evidenciando uma nova postura ativa, oficiosa, que, por conseguinte, aumenta sobremaneira os poderes conferidos ao intérprete da norma, especialmente aos juízes.

Desse modo, justamente por se estar conferindo mais liberdade e poder ao intérprete, pensamos que urge a necessidade de se repensar a própria interpretação jurídico-constitucional, capacitando-a a essa nova realidade. E nessa releitura da hermenêutica é que propomos o princípio da conformidade e, inclusive, vemos a aplicação dele também com crescente urgência, a fim de compatibilizar as interpretações contemporâneas com o que acreditamos ser a vontade da norma constitucional de nosso tempo (por exemplo, a título dos incisos IX e X do art. 93 da Constituição

Federal, bem como do dever de imparcialidade e de ausência de neutralidade que dessa Carta emanam).

Outro ponto que cremos ser essencial nessa análise de necessidade, adequação e urgência da aplicação do princípio da conformidade, é o novo perfil de processo e de Estado-Juiz (magistrado) que nossa República passou a ter recentemente.

Com a Lei 11.419/2006, passaram a ser admitidos atos processuais eletrônicos, em que sabidamente podem ser repetidos com facilidade o texto e o conteúdo de outros atos semelhantes (embora não idênticos). Sem dúvidas isso está revolucionando o processo, a tramitação processual e a Justiça.

Temos convicção de que toda essa agilidade é muito bem-vinda (inclusive porque celeridade é essencial na realização do Estado Democrático de Direito, como dispõe o inciso LXXVIII do art. 5º da Constituição Federal, bem como o art. 37 desta Carta Política prevê Eficiência), mas os efeitos dessa nova realidade jurídico-processual precisam ser urgentemente refletidos.

Por este prisma, acreditamos que, se por um lado passou a existir a claríssima possibilidade de "reprodução em massa" de atos processuais (inclusive de decisões), por outro lado impera se passar a esclarecer e controlar esses atos, entendimento que cremos tranquilamente ser a vontade (mandamento) da norma constitucional (dever de fundamentação, imparcialidade, individualização de certas decisões e, assim, acesso fático à Justiça etc.).

Já o novo perfil de Estado-Juiz (magistrado), como dito, decorre de dois fatos: milhares de processos resolvidos por "um magistrado" e possibilidade deste profissional assinar eletronicamente os seus trabalhos. O primeiro fato é histórico e notório e o segundo surgiu com a aludida Lei 11.419/2006.

Sobre este segundo fato, ressaltamos que dos juízes não se exige dedicação exclusiva para o exercício dessa importantíssima função, sendo corriqueiro e notório, por exemplo, que muitos magistrados também são professores com vínculo laboral de até quarenta horas de trabalhos semanais, escritores de dezenas de obras, mestrandos, doutorandos, pesquisadores com constantes publicações, palestrantes assíduos por diversas regiões do país etc.

Inequivocamente essa realidade contemporânea faz do magistrado agora um "líder de equipe" (assessores, secretários, estagiários), sendo, pensamos, conseqüentemente necessário que o controle sobre o trabalho de sua equipe seja mais apurado do que aquele tradicionalmente realizado sobre o trabalho realizado unicamente pelo próprio magistrado. Também por isso sustentamos a adequação do princípio da conformidade. Além do mais, como esse "novo processo" já está em estágio avançado, cremos ser urgente a aplicação do postulado proposto.

3.4. O princípio da conformidade: teoria e fundamentos

A presente pesquisa está examinando o aspecto hermenêutico de decisões e posicionamentos jurídicos, principalmente através da análise estrutural da fundamentação. Constatamos que princípios e métodos são escolhidos discricionariamente pelo intérprete, através da aplicação de um critério não definido expressamente pelo sistema jurídico. Vimos, ainda, que a origem desse critério de escolha de princípios e métodos é desconhecida ou não explicitada.

Em seguida, revelamos a necessidade de se expor esse critério e a sua origem em decisões e posicionamentos, como parte integrante da fundamentação, aplicando-se, assim, o que denominamos princípio da conformidade e passando, com ele, a esclarecer e legitimar tais decisões e posicionamentos jurídicos. A seguir, passamos a discorrer melhor sobre a teoria e os fundamentos desse postulado, que tem origem nos mais supremos e basilares valores constitucionais.

O inciso IX do art. 93 da Constituição Federal (BRASIL, 2011) determina que todas as decisões judiciais sejam fundamentadas: "(...) todos os julgamentos dos órgãos do Poder Judiciário serão públicos, e fundamentadas todas as decisões, sob pena de nulidade (...)". O inciso X da mesma norma determina o mesmo em relação às decisões administrativas. Essa determinação também decorre da própria natureza do Estado Democrático de Direito, já que a ausência de fundamentação indicaria autoritarismo e arbitrariedade, caso em que a decisão seria válida simplesmente porque proferida por autoridade competente.

Os posicionamentos doutrinários na área jurídica brasileira, embora não sejam normatizados pela Constituição da República Federativa do Brasil, acabam indiretamente por ela orientados, já que a Carta Maior tem obediência obrigatória e o conteúdo de tais livros nela se baseia.

Como esses posicionamentos acabam não somente formando a opinião de advogados, promotores, juízes e professores de Direito, mas também servindo como a própria fundamentação de decisões judiciais (por óbvio também embasadas pela Constituição Federal), compreendemos que eles (posicionamentos funcionais ou doutrinários) igualmente devam ser fundamentados, a fim de se evitar que se constituam em instrumento direto ou indireto de violação da Carta Magna.

Há decisões ou posicionamentos que comportam uma fundamentação exclusivamente fulcrada em regras positivas. Por exemplo, uma sentença que declarasse ser Brasília a Capital Federal, caso que não comportaria interpretação, já que inexistente qualquer dúvida. Assim ensina Pedro Lenza:

> Como regra fundamental, lembramos que, onde não existir dúvida, não caberá ao exegeta interpretar (*vide*, por exemplo, o art. 18, §1.º, da CF/88, que aponta, como Capital Federal, Brasília – não cabendo qualquer trabalho hermenêutico) (LENZA, 2009, p. 90).

Todavia existem normas - segundo Dworkin e Alexy *apud* MARINONI (2011) estas se subdividem em regras e princípios - que comportam ou mesmo exigem interpretação, pois a sua literalidade leva à dúvida.

No Brasil isso é bastante comum por várias razões: Constituição Federal recente (1988), muitas leis infraconstitucionais aprovadas em época anterior à Carta Maior, Constituição extensa - analítica, normativa, principiológica, conforme Lenza (2009, p. 48) - , dotada de elevado grau de subjetividade, leis infraconstitucionais com regras que freqüentemente exigem interpretação (por inexatidão, existência de lacunas etc.).

No entanto as fundamentações são marcadas por grau de subjetividade que não raramente coloca em dúvida a sua própria validade perante o ordenamento jurídico. Isso ocorre por vários motivos, dentre eles a inexistência de regras positivas que regulamentem a forma de fundamentação, vigência do Princípio do Livre Convencimento Motivado, normas postas que comportam interpretações que levam a decisões antagônicas (jamais há a exclusão, mas apenas a ponderação e a sobreposição de uma norma em relação a outra).

Assim surge uma situação bastante curiosa e que instiga aprofundamento sobre as suas peculiaridades: por um lado há o livre convencimento motivado e por outro lado existe o dever de imparcialidade (DONIZETTI, 2010, p. 94-95 e p. 85-86). Entre esses dois extremos situa-se a necessidade de fundamentação e a possibilidade de o intérprete da norma não ser neutro (ALMEIDA, 2011).

Até os dias de hoje sempre foi bastante comum e constante a preocupação de que as decisões sejam fundamentadas (AVENA, 2011, p. 34-37). Porém sempre com bem menor intensidade se travou debate acerca do limite da fundamentação – com o que ora estamos nos propondo a contribuir.

Disso se indaga: qual é o limite que a desnecessidade de neutralidade pode alcançar, sem ferir o dever de imparcialidade? Qual é o limite que a desnecessidade de neutralidade pode alcançar, sem que se atinja a esfera da ilegalidade, da inconstitucionalidade ou, o que é mais facilmente constatável, passe a se caracterizar como atividade legislativa?

São essas as indagações que nos levam a aprofundar o exame de fundamentações e de posicionamentos, passando a analisar os casos em que há interpretação de normas, os princípios e métodos utilizados nessa interpretação, o critério de escolha de tais métodos e princípios e ainda a origem desse critério.

Afinal, segundo Donizetti,

> Para ser legítimo o exercício da jurisdição, é imprescindível que o Estado-juízo (...) atue com imparcialidade. Não se pode conceber que o Estado chame para si o dever de solucionar os conflitos e o exerça por meio de agentes movidos por interesses próprios. A imparcialidade do Juízo, aliás, é pressuposto de validade da relação jurídico-processual, constituindo direito das partes e, ao mesmo tempo, dever do Estado.
> É importante dizer que imparcialidade não se confunde com neutralidade ou passividade (DONIZETTI, 2010, p. 85-86).

Da mesma forma, complementa a idéia Avena:

> Por interpretação compreende-se a atividade mental realizada com o objetivo de extrair da norma legal o seu conteúdo, estabelecendo-se seu âmbito de incidência e exato sentido. Trata-se de atividade única e complexa. É única por constituir-se em um verdadeiro processo e complexa porque abrange vários momentos que se integram entre si.
> A interpretação de uma norma não pode ser realizada à revelia de certos critérios. Por isso, existem métodos de interpretação da norma, sendo consagrados pela doutrina tradicional (AVENA, 2011, p. 92).

Assim se percebe que essa pesquisa facilita bastante a compreensão da decisão ou do posicionamento, porquanto a fundamentação adotada passa a ser marcada por transparência que permite a identificação de sua possibilidade e regularidade jurídica. Além disso, uma vez entendida, também passa a ser bem mais aceitável (democrática) pelos jurisdicionados, pelos cidadãos afetados por decisões administrativas etc.

O raciocínio a ser feito para tanto por nós é sugerido neste trabalho e ora intitulado de Princípio da Conformidade, fazendo-se alusão à necessidade de que não somente a decisão ou o posicionamento seja fundamentado, mas também e especialmente que tal fundamentação esteja conforme o ordenamento jurídico, seja adequada ao caso e possibilite o seu pleno entendimento pelos demais operadores jurídicos (mesmo que eventualmente com ela não se concorde – mas se reconheça a sua validade).

Inquieta-nos o sistema atualmente adotado pela maioria dos países - dentre os quais o Brasil - pelo qual a decisão ou posicionamento válido acaba sendo, em última instância, meramente, aquele decidido pela corte hierarquicamente superior (mesmo que, por exemplo, seis cabeças contrariem o que outras centenas decidiram e fundamentaram ao enfrentar a mesma matéria), sem que às vezes sejam suficientemente claros os critérios discricionariamente eleitos pelo decisor, o que inegavelmente permite se constatar nada mais do que "critério, fundamento e decisão de autoridade".

Como apontado, a lógica do sistema atual acaba se resumindo à "decisão de autoridade superior", talvez realmente necessária para se organizar um sistema jurídico que não permite votação conjunta por todos que enfrentaram a respectiva matéria. Porém aqui cabe igualmente refletirmos acerca dessa lógica da prevalência da decisão da autoridade poder ser ou não ser suficientemente válida em casos que comportariam fundamentação diversa – ou mesma fundamentação, sendo diverso o mérito da decisão - por autoridade de igual hierarquia.

Exemplo concreto é o caso julgado pelo Tribunal de Justiça do Estado do Rio Grande do Sul, na apelação cível nº 70026769661 (BRASIL, 2009), cuja natureza é corriqueira: juízo singular de primeira instância fixa indenização de R$ 80.000,00 por morte de criança causada por erro médico em hospital público, com base no dever de indenizar do art. 37, 6º, da CF, valorando a preservação da vida e mencionando assim indicar a situação econômica das partes. Analisando o recurso do condenado, uma das câmaras da segunda instância reduz o valor para R$ 20.000,00, igualmente com base no dever de indenizar do art. 37, 6º, da CF, valorando a preservação da vida e mencionando assim indicar a situação econômica das partes.

Isto é: ambas as decisões foram fundamentadas, mas idêntica fundamentação levou à decisão diversa, prevalecendo a segunda delas apenas por ser de instância superior. Curiosamente, se a decisão exemplificada tivesse sido proferida por outra Câmara do mesmo órgão de segunda instância, poderia ser igual a qualquer das duas ou mesmo diversa de qualquer delas, ainda que fosse fundamentada de forma idêntica às duas primeiras.

Desse modo, se as decisões foram diversas, e se a sua fundamentação foi exatamente a mesma, parece-nos imperioso que as razões de decidir sejam expostas mais profundamente, pelo menos até onde se diferenciem das demais e assegurem ser a real fundamentação da decisão (expressão a título do Princípio da Conformidade).

Caso contrário, o intérprete passa a ter ampla liberdade para decidir, inclusive sem demonstrar que a sua decisão de fato decorre do fundamento legal ou jurídico por ele apontado, podendo, com isso, na verdade, ser excessiva, ilegal, inconstitucional, motivada por pré-conceitos, convicções pessoais, ter natureza legislativa, sem que, no entanto, a prática jurídica a considere inválida, simplesmente porque proveniente da autoridade competente e formalmente (mas não substancialmente!) fundamentada – apenas com alusão a fundamento legal ou jurídico.

Justamente por isso se sugere o que denominamos Princípio da Conformidade: a demonstração de que a fundamentação é juridicamente legítima, revelando-se para tanto os métodos e os princípios de interpretação adotados, o seu critério de escolha discricionária e a origem de tal critério.

No caso acima exemplificado, muitíssimo provavelmente os pais da criança falecida ficaram insatisfeitos pelo arbitramento de apenas R$ 20.000,00, confusos porque inicialmente, com exatamente os mesmos argumentos, fixou-se o quádruplo do valor final, como também operadores do Direito não se conformaram com idêntica fundamentação embasando decisão tão diversa etc. Mas a "misteriosa" decisão eternizou-se como juridicamente válida.

Percebamos que, no caso mencionado, além da decisão de fixação de indenização de R$ 20.000,00 ou de R$ 80.000,00, e além da menção aos fundamentos de dever de indenizar do art. 37, 6°, da CF, valorando a preservação da vida e mencionando assim indicar a situação econômica das partes, poder-se-ia individualizar a decisão a partir do raciocínio sugerido pelo Princípio da Conformidade: trata-se de decisão que exige interpretação (de fatos para se chegar à condenação e do direito à indenização para se apurar valor desta); aplica-se o método hermenêutico clássico e o seu elemento teleológico (pelo critério de finalidade da norma – reparar a morte de criança), bem como o método tópico-problemático (pelo critério de que se parte do problema concreto para a norma) e, ainda, o Princípio da máxima efetividade (pelo critério de se fazer prevalecer direitos fundamentais, como a vida); apontando-se ainda que a origem de tais critérios está em doutrinas como a de Pedro Lenza (2009, p. 91-97), na jurisprudência (dever-se-iam citar alguns casos semelhantes em que foi arbitrado valor semelhante), no caótico atendimento em emergências de hospitais públicos, conforme notícias veiculadas diariamente pela imprensa, na necessidade de que cidadãos marginalizados tenham o mesmo atendimento deferido a outros cidadãos de boa posição social, na quantificação do que se pode adquirir com o valor arbitrado etc.

Neste diapasão, pensemos, caso não houvesse outra decisão arbitrando valor igual pela morte de uma pessoa em semelhante situação, ou caso a quantificação do que se pode adquirir com o valor arbitrado fosse irrisória se comparada a uma vida, ou, então, caso se identificasse que em casos bem semelhantes são fixados valores bem distintos, logicamente se constataria a inadequação (ilegitimidade, impossibilidade jurídica, ilegalidade, inconstitucionalidade) do que na verdade se decidiu.

Salientamos, ainda, que a impropriedade dessa decisão é agravada pelo fato de que na fundamentação respectiva reduziu-se em quatro vezes o valor original da condenação sob o argumento de que "a fixação de valores deve guardar uma equivalência entre as situações que tragam semelhante colorido fático" (BRASIL, 2009). Entretanto, curiosamente, procuramos exaustivamente na jurisprudência brasileira outra decisão que, diante dos mesmos fatos (morte de criança por erro médico, sem declarar culpa concorrente), tenha fixado indenização em R$ 20.000,00, e não encontramos uma sequer. Todas têm valor vem mais elevado.

Enfim. O resultado da observância do Princípio da Conformidade acaba sendo, como exposto, a legitimação da decisão e de sua fundamentação, bem como o entendimento pelos afetados pelo *decisum* (paz social) e pelos demais operadores do Direito. Por conseguinte, solidifica-se o Estado Democrático de Direito, regulando-se as relações sociais de modo mais evoluído, pois detalhado, transparente, individualizado, objetivo, compreensível, lógico, passível de conformação, em conformidade com a Constituição Federal.

Publicado por Amazon.com e Createspace.com em 2014.

REFERÊNCIAS

ALMEIDA, Patrícia Donati. **Há diferença entre neutralidade e parcialidade do juiz?** Disponível em: <http://www.lfg.com.br/public_html/article.php>. Acesso em: 14 out. 2011.

AVENA, Norberto. **Processo Penal Esquematizado.** 3 ed. São Paulo: Método, 2011, p. 34-37.

BELLO FILHO, Ney de Barros. **Sistema constitucional aberto** (Capítulo 5 – A hermenêutica constitucional e a cosntituição aberta), págs. 223 a 278. Ed. Del Rey, 2003. São Paulo. Material da 3ª aula da Disciplina Teoria Geral da Constituição, ministrada no Curso de Pós-Graduação Lato Sensu TeleVirtual em Direito – Anhanguera-UNIDERP | REDE LFG.

BRASIL. Tribunal de Justiça do Estado do Rio Grande do Sul. Ação indenizatória. Apelação cível nº 70026769661. Apelante: Associação Hospital de Caridade de Ijuí. Apelados: Cristiana dos Santos Aires e Jair Vieira Fongue. Relator: Jorge Alberto Schreiner Pestana. Porto Alegre, 17 dez. 2009.

BRASIL. **Constituição Federal.** Disponível em: <http://www.planalto.gov.br/ccivil_03/Constituicao/Constituicao.htm>. Acesso em: 22 mai. 2011.

BRASIL. **Lei 11.419/2006.** Disponível em: <http://www.planalto.gov.br/ccivil_03/_ato2004-2006/2006/lei/l11419.htm>. Acesso em: 14 out. 2011.

DONIZETTI, Elpídio. **Curso Didático de Direito Processual Civil.** 14 ed. São Paulo: Atlas, 2010.

LENZA, Pedro. **Direito Constitucional Esquematizado.** 13 ed. São Paulo: Saraiva, 2009.

MARINONI, Luiz Guilherme. **Curso de Processo Civil**. 5ª Ed. São Paulo: RT, 2011.

NUCCI, Guilherme de Souza. **Manual de Direito Penal**. 6 ed. São Paulo: RT, 2010.

TAVARES, André Ramos. **A Constituição Aberta**. In Revista Latino Americana de Direito Constitucional, n° 8, janeiro/junho de 2008, pp. 326-343. Disponível em: <http://multimidia.opovo.com.br/revista/andre-ramostavares.pdf>. Material da 3ª aula da Disciplina Teoria Geral da Constituição, ministrada no Curso de Pós-Graduação Lato Sensu TeleVirtual em Direito Constitucional – Anhanguera-UNIDERP | REDE LFG.

VENOSA, Sílvio de Salvo. **Direito Civil II**. 2 ed. São Paulo: Atlas, 2002.

WIKIPÉDIA. **Hermenêutica**. Disponível em: <http://pt.wikipedia.org/wiki/Hermen%C3%AAutica>. Acesso em: 02 set 2011.

Publicado por Amazon.com e Createspace.com em 2014.

www.ingramcontent.com/pod-product-compliance
Lightning Source LLC
Chambersburg PA
CBHW071809170526
45167CB00003B/1234